Mit 16 in der 1. Liga

Wie der kleine Leon ganz groß raus-
kommt

Wie man mit Mut, Fleiß & Leidenschaft
alles erreichen kann

„Ein Schuss ein Tor, der Leon!“

W0330325

Markus Alexander

Inhaltsverzeichnis

1. Kapitel – Kickerträume

Viele Menschen haben im Alter von 4 Jahren bereits Träume was sie in der Zukunft machen möchten. Leon hat ebenfalls einen Traum. Leon möchte Profifußballspieler werden, ach was, Leon möchte Profifußballspieler sein – und nicht irgendein Fußballspieler, er möchte weltberühmt werden und zu den Besten gehören.

Leon hat nur ein Problem, er ist schüchtern.

Er liebt den Ball, aber er weiß, dass er nicht gut im Fußballspielen ist. Im Kindergarten sind zwei Jungs, die immer mit dem Ball spielen, aber sie lassen ihn nicht mitspielen.

Das ist ziemlich gemein, aber er versteht das. Das eine Mal, als er mitspielen durfte, hat er es nicht geschafft, den Ball ins Tor zu bekommen – nicht ein einziges Mal. Seitdem wollen die anderen nicht mehr, dass er mitspielt.

Wenn er im Kindergarten ist, spielt er also mit den anderen Jungs mit den Autos oder malt Bilder davon, wie er erfolgreich Fußball spielt. Sein bester Freund Yannick, den er ganz oft am Nachmittag zum Spielen sieht, spielt lieber Fangen oder will auf dem Spielplatz schaukeln und rutschen, er mag Fußball nicht gern. Aber am Wochenende kann Leon endlich Fußball spielen, denn an jedem Samstag kommt sein Onkel Markus zu Besuch.

Leon und Markus sind so richtig gute Kumpel.

Letztes Jahr zu Weihnachten hat Leon zwei kleine Fußballtore, einen richtigen Fußball und das Trikot von seinem Lieblingsspieler Robert Lewandowski bekommen und immer, wenn Onkel Markus zu Besuch ist, dann spielt er mit Leon und Leons Papa im Garten Fußball. Das sind die besten Tage!

Heute ist wieder Samstag und als Leon aufwacht, ist er besonders aufgeregt, denn heute ist sein fünfter Geburtstag und seine ganze Familie und seine Freunde werden da sein.

Was er wohl geschenkt bekommt? Ganz nervös steigt er aus dem Bett und geht sich im Badezimmer die Zähne putzen, dann zieht er sein Lieblingstrikot an und eine kurze Hose, denn es ist ein warmer Tag im März und die Sonne lacht schon.

Als er zu seinen Eltern nach unten geht, staunt er nicht schlecht, denn dort sitzt bereits

Onkel Markus mit seinem breitesten Grinsen und in seinem eigenen Fußballtrikot. Leon weiß, dass Markus und Leons Papa Michael, auch selbst Fußball spielen.

Leon freut sich nun noch mehr, denn jetzt sieht es so aus, als wären Markus und er in einem Team. Als Leons Vater das Esszimmer betritt, traut Leon seinen Augen nicht: Auch Papa hat sein Trikot an. Mama, Papa und Onkel Markus singen:

„Happy Birthday“ für Leon und er sieht, dass Fußballservietten auf dem Tisch liegen.

Beim Frühstück fragt Leon immer wieder „Papa, Markus, warum habt ihr die Trikots an?“

Doch beide Männer lächeln sich nur schweigend an und genießen das üppige Frühstück.

Mama hat sich wirklich ins Zeug gelegt, denn es stehen alle Sachen auf dem Tisch, die Leon gerne mag.

Frischer Orangensaft, gekochte Eier, Toastbrot mit Marmelade und natürlich seine Lieblingswurst mit dem Teddygesicht.

Als alle aufgegessen haben, setzen Papa und Onkel Markus sich links und rechts neben Leon. Sie legen jeder einen Arm um ihn und Papa sagt:

„Leon, du hast heute Geburtstag. Was ist dein allergrößter Wunsch?" Leon überlegt nicht lange und sagt:

„Papa, ich möchte in der Bundesliga spielen.“ Papa schaut Markus fragend an und Markus sagt: „Nun, Leon, wenn du das wirklich willst, dann solltest du jetzt dieses Geschenk auspacken.“ Papa reicht ihm ein Geschenk, das mit Geschenkpapier mit lauter Fußbällen darauf, eingepackt ist.

Leon ist so aufgeregt, dass er das Papier wild herunterreißt.

Er schreit vor Freude auf, als er den eingepackten Karton sieht:

Es sind richtige Fußballschuhe in seiner Größe! Endlich kann er richtig auf dem Rasen laufen, ohne auszurutschen und hinzufallen. „Das ist aber noch nicht alles“, sagt sein Onkel Markus mit einem geheimnisvollen Lächeln.

„Wir machen heute einen Ausflug, und zwar genau jetzt!“

Markus, Leon und sein Papa ziehen ihre Schuhe an, dann gehen sie raus und steigen ins Auto.

Leon hat unbedingt seine Fußballschuhe anziehen wollen. Er sitzt hinten in seinem Kindersitz im Auto und schaut träumend aus dem Fenster. Ob sie wohl zu einem Fußballspiel fahren? Vielleicht geht es jetzt wieder in ein großes Stadion, einmal durfte er schon mitkommen, es wäre schön, wenn er jetzt wieder zu einem Spiel gehen könnte.

Als sein Onkel den Wagen auf den Parkplatz bei der Sporthalle lenkt, ist Leon ein wenig enttäuscht.

„Gehen wir heute auf dem großen Platz spielen, ihr und ich?“, fragt er die Erwachsenen. „Wir nicht, Leon, aber du.“ Leon versteht nicht, was das heißen soll, steigt aber aus dem Auto und folgt seinem Vater und Onkel. Als er den Sportplatz sieht, sind dort viele Kinder in seinem Alter, hauptsächlich Jungs.

Auch ein paar Erwachsene stehen am Spielfeldrand.

Einer der Erwachsenen trägt einen Trainingsanzug und eine Trillerpfeife. Onkel Markus und Papa steuern auf diesen Mann zu und begrüßen ihn mit einem Handschlag.

Der Mann sieht Leon an und geht in die Hocke: „Du musst Leon sein“, er hält ihm die Hand zur Begrüßung hin. Leon ergreift sie langsam und sagt:

„Hallo, ich bin Leon und du?“ „Ich bin Dennis, der Trainer vom Fußballverein für Kinder in deinem Alter. Dein Onkel und dein Vater haben dich für heute zu einem Probetraining angemeldet.“

Leon macht vorsichtig einen Schritt zurück und schaut seinen Vater unsicher an. „Papa, du weißt doch, dass ich nicht gut genug dafür bin.“ Sein Papa beugt sich herunter und flüstert ihm ins Ohr: „Du bist mein Sohn und du liebst es, Fußball zu spielen.

Hier kannst du das tun, was du liebst und besser werden. Es ist dein Geburtstagsgeschenk von Mama und mir, dass wir dich hier angemeldet haben und dich unterstützen. Du solltest es wenigstens versuchen."

Kurz überlegt Leon, dann fällt ihm ein, wie oft er schon davon geträumt hat, richtig gut Fußball spielen zu können. Er lächelt seinen Papa an, dann seinen Onkel, dann den Trainer Dennis und fragt schüchtern: „Was soll ich machen?“ Und schon geht es los!

Das Probetraining macht Leon besonders viel Spaß. Er rennt über den abgesteckten Bereich, spielt mit den anderen Kindern und weil er seine neuen Fußballschuhe anhat und Onkel Markus und Papa ihn richtig toll anfeuern, schießt er sogar fast ein Tor.

Viel zu schnell ist das Training vorbei, aber Dennis sagt, dass Leon sehr gern jede Woche zu den zwei Trainingsstunden kommen darf – er ist jetzt ein Fußball-mini, sagt sein Onkel.

Das war der allerbeste Geburtstag, den Leon jemals hatte!

2. Kapitel – Ein rasanter Aufstieg

Nur wenige Wochen später ist Leon schon ein fester Bestandteil des Mini-Teams.

Die Trainingseinheiten machen ihm großen Spaß, besonders dann, wenn gutes Wetter ist und sie draußen auf dem richtigen Fußballfeld spielen können.

Natürlich ist immer nur ein kleiner Teil des Spielfelds für das

Mini-Training abgesteckt. Als Leon einmal seinen Trainer gefragt hat, warum das so ist, hat der Trainer Leon losgeschickt, einmal, so schnell er kann, auf dem großen Feld von einem Tor zum anderen zu laufen – Die Strecke war schon ziemlich weit. Leon hat dann aber verstanden, dass er noch ein winziges bisschen zu klein ist, um lange auf dem großen Feld zu spielen.

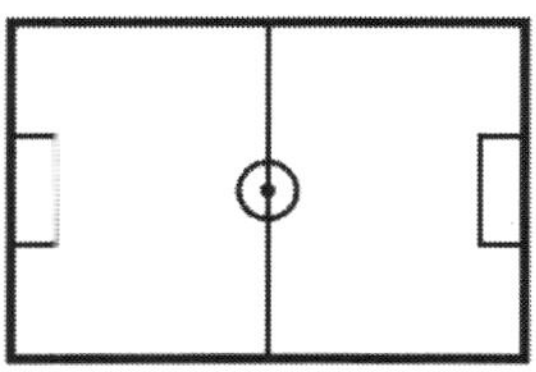

Ganz am Anfang der regelmäßigen Trainings hätte er sich nicht getraut, das zu fragen. Zwar war sein Geburtstagstraining ganz toll, aber das war ja mehr Spaß als Ernst.

Jetzt, da Leon schon richtig im Verein spielt ist es ihm natürlich wichtig, dass er gut ist. Am Anfang war er das ganz und gar nicht.

Dennis hat noch weitere Trainer in seinem Team, manchmal drei Stück.

Wenn die beim Training mitmachen, dann bekommt jeder Spieler manchmal schon einen richtigen Fußball, nicht einen für Kinder. Den muss man ein paar Minuten lang auf dem Feld so dribbeln, dass keiner der vier Trainer den Ball wegnehmen kann.

Das klingt für dich ganz leicht? Ich sage dir, das ist es nicht! Es sind ganz viele Kinder und 4 Erwachsene auf dem Feld. Der Ball ist viel größer als der, den Leon zu Hause zum Spielen hat.

Außerdem ist er schwerer und rollt ganz anders, wenn man einen Pass spielt.

Und die Übung mit dem Hochwerfen hat Leon am Anfang auch große Probleme bereitet – der Ball ist überallhin gefallen:

auf seine Schulter, auf den Rücken von Patrick, seinem Teampartner im Training, auf den Rasen vor, neben und hinter Leon, aber fast nie in Leons Hände.

Aber jetzt, nach ein paar Wochen, ist Leon schon richtig gut darin:

Den Ball fängt er fast immer und einmal hat er es sogar geschafft, den Ball zwischen Patricks Beinen durchzuschießen, sodass der ihn nicht bekommen hat.

Tunneln, so nennen das die Erwachsenen, weil man den Ball zwischen den Beinen eines anderen wie durch einen Tunnel schießt.

Leon hat also fleißig geübt, natürlich auch immer mit seinem Onkel und seinem Vater. Er ist schon so gut geworden, dass er mutig und noch viel lieber zum Training geht.

Darum ist er heute ein bisschen traurig, denn jetzt heißt es: Sommerpause. Heute ist das letzte Training für ganze zwei Monate!

Aber Leon ist fest entschlossen, auch in der Pause viel an sich zu arbeiten.

Er hat sein Taschengeld gespart und seiner Mutter so viel im Haushalt geholfen, dass sie heute nach dem Training mit ihm zum Einkaufen fährt und ihm einen richtigen Fußball für Erwachsene kauft.

Er möchte unbedingt damit üben können, damit er nach der Sommerpause nicht wieder neu lernen muss, wie der Ball fliegt und rollt.

Was Leon sich vorgenommen hat, das schafft er auch: Er sucht sich den besten Ball aus.

Im Laden hat er verschiedene ein paar Mal hochgeworfen und aufgefangen, um zu prüfen, ob sie so sind wie die im Training, und hat dann den besten mitgenommen.

Ab morgen wird er jeden Tag rausgehen und im Garten üben.

***

Dann geht im Juni das Training wieder los, aber auch die Grundschule.

Leon hat jetzt nicht mehr so viel Zeit, um jeden Tag zu üben. Beim Schulsport lernt er noch viele andere Bälle und Sportarten kennen und trainiert so viele nützliche Dinge, wie etwa Teamplay oder Hand-Augen-Koordination, außerdem werden seine Reaktionen immer besser.

Er kann es kaum abwarten, endlich in die nächste Vereinsstufe zu wechseln. Bis zu seinem 7. Geburtstag bleibt er noch bei den Minis, die auch Bambini genannt werden, aber Leon sagt immer: „Ich spiele in der G-Jugend." Das klingt ja auch viel professioneller.

Leon ist so stolz auf seine Fortschritte im Fußball. Mittlerweile machen sie immer häufiger Drei-gegen-Drei-Spiele im Training.

Dabei ist es so, dass mehrere Spielfelder nebeneinander aufgebaut werden und in jedem Feld spielen drei Kinder mit einem roten Hemd und drei mit einem blauen.

Es gibt immer vier Tore auf dem Feld, zwei blaue und zwei rote. Die Mannschaft, die gewinnt, die geht in das Spielfeld Richtung Umkleidekabine und spielt dort gegen einen neuen Gegner. Die Verlierermannschaft muss auf das Feld auf der anderen Seite gehen. Es gibt zwar keinen Torwart in dem Spiel, aber Leon passt so gut auf, dass die andere Mannschaft den Ball nicht bekommt, dass er immer öfter nach dem Training schon direkt an der Tür zur Umkleidekabine ist.

In der Schule kommt Leon gut mit, das Lernen all der neuen Dinge bereitet ihm große Freude, aber das Beste sind die Pausen:

Patrick, sein Freund aus dem Fußballverein, ist in der Nachbarklasse und in jeder Pause treffen sie sich und spielen mit ein paar anderen Jungs und Mädchen Fußball.

So vergehen die Wochen und Monate und Leon wird immer besser und schneller.

Er wächst auch furchtbar schnell, weswegen er sich vom Weihnachtsmann neue Sportschuhe wünscht.

Leon ist so schnell gewachsen, dass ihm die alten Fußballschuhe für den Sportplatz nicht mehr passen werden, wenn endlich wieder draußen Training stattfindet.

Die neuen Fußballschuhe bekommt er an seinem 7. Geburtstag und ein extra für ihn bedruckten Trikot, auf dem „F-Jugend“ auf der Brust bedruckt ist.

Endlich! Wenn die neue Saison im Juni anfängt, darf Leon dieses Trikot beim Training anziehen, dann ist er nämlich nicht mehr bei den Minis, sondern schon in der F-Jugend. Papa spielt noch ein oder zwei Jahre bei den Aktiven und Onkel Markus ist schon in der AH Seniorenklasse. Leon findet jedoch, dass keiner von beiden wie ein Senior aussieht.

***

Bei den F-Junioren sind die Spielfelder größer und es kommen neue Übungen hinzu.

Anfangs ist das für Leon noch sehr ungewohnt, aber schnell lernt er auch hier, etwas weiter zu schießen. Auch lernt er, seine Kraft besser einzuteilen, damit er die verlängerte Spielzeit durchhält.

Leon bleibt ganze zwei Jahre in der F-Jugend und kommt dann in die E-Jugend. Außerdem wechselt Leon nach dem vierten Schuljahr auf ein Gymnasium. Jedes Mal, wenn er die Jugend wechselt, ändern sich die Spielfeld- und Teamgrößen, aber auch die Übungen werden anspruchsvoller. Weil er so gut darin ist, den anderen Spielern den Ball abzuluchsen, spielt er immer, wenn sich die Gelegenheit bietet, als Abwehrspieler. Was sich aber bald ändert wird.

Dennis trainiert ihn mittlerweile nicht mehr. Seit Leon in der E-Jugend ist, hat er einen neuen, tollen Trainer: Manuel. Manuel ist auch gleichzeitig der Taufpate von Leon und war auch schon ein paar Mal samstags im Garten dabei, wenn Papa und Onkel Markus mit Leon spielen. Er ist ein sehr fairer Trainer, der niemand aus der Mannschaft bevorteilen oder benachteilen würde. Das schätzt Leon sehr an ihm. Denn schließlich hat jeder die gleichen Chancen verdient. Manuel nimmt Leon genauso hart ran wie alle anderen auch.

...ein Schuss

...ein Tor

3. Kapitel – An der Spitze?

Unter Manuels Anleitung spielen die Jungs in der E-Jugend schon richtige Hallenturniere. Dabei spielen immer 5 gegen 5, bei den älteren Kindern sogar 7 gegen 7.

Dabei stellt Manuel, Leon meist im Verteidigungsraum auf, weil Leon gut darin ist, die gegnerischen Spieler im Blick zu haben.

Außerdem schafft er es oft, den angreifenden Stürmern den Ball abzunehmen und diesen an seine eigenen Offensivspieler weiterzureichen.

Leon spielt gerne in der Abwehr, obwohl sein Freund Patrick einmal gesagt hat, dass Verteidiger eher passiv sind. Leon empfindet das jedoch nicht als negativ. Immerhin ist es wichtig, dass ein Team sowohl Angriff als auch Verteidigung hat. Ein altes Sprichwort lautet:

Die Stürmer schießen die Tore, die Abwehr gewinnt das Spiel.

Beim letzten Saisonstart, als Leon dann zu den älteren in seiner Junior-Truppe gehörte, änderte sich allerdings etwas: Weil neue, jüngere Jungs in die Liga kamen, änderte Manuel für einige Wochen immer mal wieder die Aufstellung, wenn die Mannschaft Turniere gespielt hat.

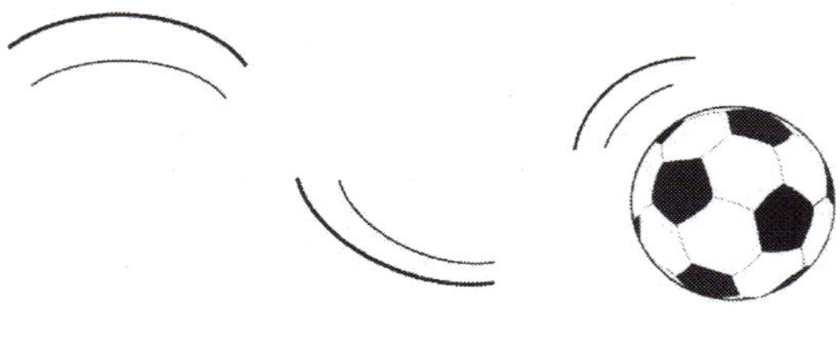

Während der Sommerpause hatte Leon an einem Fußball-camp teilgenommen und dort hat er sehr viel gelernt.

Das lag wohl auch daran, dass dort fremde Kinder aus anderen Städten waren, die teilweise ganz anders trainiert hatten. Leon konnte dort sehr viele neue Tricks lernen und hatte unglaublich viel Spaß.

Nun, da sein normales Training weitergeht und er zu den Älteren gehört, wurde er auch im Sturm eingesetzt. So konnte Manuel die jüngeren Kinder auf ihre Tauglichkeit zur Verteidigung prüfen.

Leon hatte riesigen Spaß an der Position. Er hatte mit Markus sehr viel geübt, wie man den Ball behält, wenn man in den Verteidigungsraum der Gegner kommt. Er schaffte es bereits nach wenigen Minuten, ein Tor zu schießen.

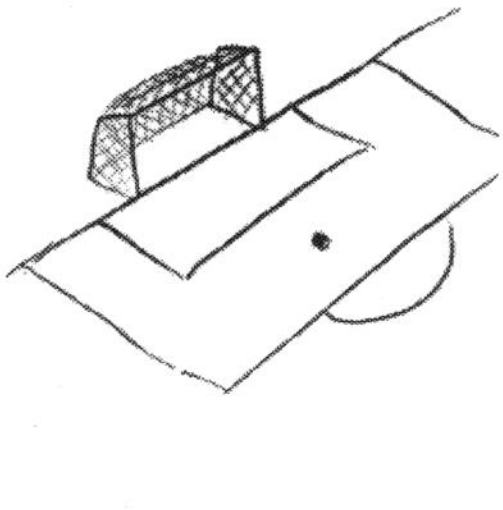

Seine Entwicklung in der Saison ist so bewundernswert, dass Manuel eines Tages, kurz nach Leons 11. Geburtstag, mit Leons Vater sprechen möchte, während Leon sich umzieht.

Leon fragt seinen Vater auf dem Rückweg, ob etwas nicht in Ordnung sei und warum Manuel mit ihm sprechen wollte. Sein Vater antwortet:

„Leon, Manuel hat mir erzählt, wie begeistert er von deinen Fähigkeiten im Sturm ist.

Er hat mir einen Vorschlag gemacht, den ich heute Abend in Ruhe mit deiner Mutter besprechen möchte, weil ein paar wichtige Dinge besprochen werden müssen.

Morgen nach der Schule reden wir dann zu dritt darüber, was wir besprochen haben. Ist das für dich in Ordnung?“ Leon nickt mit dem Kopf und denkt nach. War er wirklich so gut im Sturm? Was Manuel wohl zu Papa gesagt hat, das so wichtig sein könnte?

Am Abend schläft Leon nur schwer ein, er macht sich große Sorgen, dass er doch nicht so gut geworden ist, wie er dachte.

Am nächsten Tag nach der Schule ist Leon ganz aufgewühlt, weil er es kaum abwarten kann mit seinen Eltern zu sprechen. Es kommt allerdings anders als er es erwartet hat.

Seine Eltern sitzen freudestrahlend am Tisch und erwarten ihn schon mit seinem Lieblingsessen.

-Salami Pizza-

Sein Vater erklärt ihm, dass Manuel sehr erstaunt über Leons Können ist und vorgeschlagen hat, dass Leon in der nächstgrößeren Stadt zum Training angemeldet wird, da dort seine Ausbildung besser wäre: Manuel sieht starkes Potenzial in Leon und glaubt, er könne es weit bringen, vielleicht sogar schon bald in die DFB - Auswahlmannschaft.

Leon traut seinen Ohren nicht. Hat ein erwachsener, erfahrener Fußballtrainer gesagt, dass Leon gut genug ist, um seinen Traum wahrwerden zu lassen?

Sein Vater erklärt ihm noch, dass er erst mit Leons Mutter darüber sprechen musste, da sich dadurch die Trainingskosten und die Fahrtzeiten erhöhen.

Leon träumt schon davon, bald mit den Großen auf dem Feld zu stehen, er hört nur am Rande zu und nickt immer mal wieder geistesabwesend.

DFB – Auswahlmannschaft ist der letzte Schritt, den es benötigt, um am Ende für die Bundesliga gesichtet zu werden. Natürlich wissen die Bundesligavereine, dass in der Auswahlmannschaft die besten Nachwuchsspieler sind und schicken ihre Talentsucher zu den Trainings und zu den Spielen. Aber bis dahin ist es noch ein langer Weg und Leon muss erst einmal in die Bezirksauswahl kommen und dann weiter zur Landesauswahl.

4. Kapitel – Leon und die Auswahlmannschaft

Leon gewöhnt sich schnell im neuen Team ein. Mittlerweile ist er so gut, dass ihn neue Feldgrößen oder größere Mannschaften und andere Übungen nicht mehr so verunsichern, wie es am Anfang der Fall war. Auch ist dieser Verein größer, sodass er noch mehr unterschiedliche Gegner hat.

Die Turniere an den Wochenenden meistert er mit Bravour und gehört zu den Besten in seinem Team.

Die Spiele gegen andere Mannschaften gewinnt sein Team fast immer, sodass sie am Ende im Finale der Regionalmeisterschaft stehen. Schon morgens weiß Leon:

„Heute wird ein richtig guter Tag!“ Nach dem Anpfiff fliegt Leon über das Feld.

Sobald er den Ball hat, scheint es, als wäre dieser an seinem Fuß festgeklebt. Er verliert den Ball nur dreimal im ganzen Spiel. Zwischendurch wird er ausgewechselt.

Das machen seine Trainer immer so, denn alle aus der Mannschaft sollen die Chance bekommen, auf dem Feld zu stehen. Neu ist: Leon wird kurze Zeit später wieder auf den Platz geschickt. Normalerweise geht er nur einmal pro Spiel auf das Feld.

Verwundert, aber überglücklich stürmt er auf das Feld und leistet wunderbare Arbeit. Sein Team holt den Sieg, denn Leon hat 2 Tore geschossen.

Nach dem Umziehen sieht er, wie seine Eltern mit zwei fremden Männern sprechen. Die Erwachsenen bemerken Leon und winken ihn lächelnd zu sich. „Leon“, sagt seine Mutter, „die beiden Herren sind von der Bezirksauswahl, sie möchten dich zu einem Trainingsspiel einladen.

Was sagst du dazu?" Leon klappt wortwörtlich die Kinnlade herunter. Die erste Saison in dem neuen Verein ist kaum vorbei und jetzt DAS!

Er grinst bis über beide Ohren, nickt übertrieben und bedankt sich mit einem Händeschütteln bei den beiden Herren.

Das Probetraining ist hart. Einige der Kinder sind größer als Leon, aber er ist schnell und hat seine Ballführung so gut trainiert, dass es kaum jemand schafft, ihm den

Ball abzunehmen. Nur wenige Tage später kommt der Anruf, dass man Leon in der Bezirkauswahlsmannschaft haben möchte.

Er darf weiterhin an den Trainings in seinem Verein teilnehmen, hat aber wöchentliche Zusatztrainings in der Bezirksmannschaft und einmal im Monat ein Spiel gegen andere Bezirksteams. Leon genießt die Zeit.

Das Training in der Bezirksmannschaft ist genau auf die Spieler ausgerichtet. Die Trainer schauen darauf, wer welche Stärken und Schwächen hat und dann wird an beidem regelmäßig und gezielt gearbeitet.

Die Turniere gegen die anderen Mannschaften laufen mal gut und mal nicht so gut. Es finden im Anschluss jedoch immer Gespräche statt, welche Spieler welche guten und schlechten Züge spielt haben.

In den nachfolgenden Trainings legen die Trainer dann entsprechendes Augenmerk darauf. In seinen normalen Trainings ist Leon mittlerweile schon fast gelangweilt, weil es kaum jemand mit ihm aufnehmen kann.

Diese Langeweile legt sich schnell, als Leon nach dem Spiel erfährt, dass er zu einem Probetraining für die Landesauswahl soll. Leon kann es kaum glauben. Plötzlich geht alles so schnell, denkt sich Leon.

Vor kurzem war Leon noch nicht mal in der Bezirksauswahl und jetzt bekommt er sogar schon die Chance auf die Landesauswahl. Die DFB – Auswahlmannschaft ist von dort nur noch einen Schritt entfernt.

-unglaublich-

5. Kapitel - Hochmut

...kommt vor dem Fall

Das Probetraining findet wie immer kurz vor der Sommerpause statt.

Leon ist sich sicher, dass er auch dieses Mal weiterkommen wird, immerhin ist er nahezu unschlagbar. Während des Trainings sieht er sich dann einigen größeren Jungs gegenüber, die noch dazu sehr schnell sind und den Ball so gut unter Kontrolle haben, dass er ihn nur zweimal bekommt. Jedes Mal schafft er es gerade über die Mittellinie mit dem Ball, da ist auch schon einer der Verteidiger der gegnerischen Mannschaft vor ihm.

Diese Abwehrspieler müssen Gedanken lesen können, denn sie ahnen jeden seiner Züge voraus und er kommt kaum in die Nähe des gegnerischen Tors.

Ohnehin schon frustriert, weil er keinen Schuss aufs Tor machen konnte, erschüttert es ihn sehr, als er ein paar Tage später von seinen Eltern die Nachricht bekommt, dass er das Probetraining nicht gemeistert hat. Er wurde nicht für die Landesauswahl nominiert.

Leon zieht sich in sein Zimmer zurück und denkt angestrengt nach, was passiert ist.

Hat er zu wenig geübt?

Zugegeben, in letzter Zeit hat er sich in den Trainings immer weniger angestrengt, auch die Nachmittage hat er lieber mit anderen Sachen verbracht, als zusätzlich im Garten zu üben, und in den Pausen hat er sich oft nicht zum Fußballspielen verabredet, weil die anderen ohnehin alle nur „zum Spaß“ spielen und sich nicht wirklich mühegeben.

Am kommenden Samstag spricht Leon seinen Onkel Markus darauf an, ob der weiß, wie Leon besser werden kann. Er erzählt ihm auch, was er sich überlegt hat, woran es liegen könnte. Sein Onkel sagt: „Leon, du bist 13 Jahre alt und du spielst schon in der Bezirksliga, das ist doch wundervoll.

Man kann nicht immer der Beste sein. Es ist ganz wichtig, dass du den Spaß am Spiel nicht verlierst. Du musst auf dem Pausenhof nicht gewinnen. Dort sollst du die Zeit mit deinen Freunden genießen und nicht verbissen üben.

Du hast ja auch selbst schon gemerkt, dass das kaum möglich ist, weil sie ganz anders und weniger professionell spielen, als du es tust. Bereitet dir das Spielen denn noch Freude?“

„Ja“, sagt Leon, „aber am meisten mit dir und Papa, weil ihr so coole Tricks kennt, die ich dann lernen kann. Ich verstehe aber, was du meinst.

Ich werde in der Schule nicht mehr trainieren, sondern einfach Zeit mit meinen Freunden verbringen und dafür wieder härter im Training arbeiten. Ich werde um jeden Ball kämpfen, wie ein Löwe."

6. Kapitel – Erkenntnisse eines aufsteigenden Kicker Sterns

Einige Wochen verstreichen, Leon hat jetzt Sommerferien und beim Training ist auch Sommerpause. Er nimmt sich eine Auszeit von einer Woche und macht andere Sachen.

Er fährt mit seinen besten Freunden ins Freibad und verbringt dort einen wundervollen Nachmittag.

Er sieht, wie andere Besucher von den Türmen springen.

Einer ist dabei, der kann vom Drei-Meter-Turm einen Rückwärtssalto machen.

Leon beobachtet den Jungen, der kaum älter als er selbst ist.

Beim vierten Sprung versucht der Junge, einen doppelten Salto zu machen und landet ziemlich fies mit einem Bauchklatscher im Wasser.

Dann sieht Leon etwas, was er nicht für möglich gehalten hätte. Der Junge steigt aus dem Wasser und geht sofort wieder auf den Turm. Er versucht es noch mal, und noch mal, und noch mal. Dann klappt es, der Junge macht einen doppelten Rückwärtssalto vom Dreier!

Leon ist beeindruckt und im selben Moment versteht er etwas, was er vorher so nicht verstanden hatte: Wenn ich etwas kann, dann heißt es nicht, dass ich ALLES kann.

Wenn ich mehr können will, dann muss ich dafür auch mehr üben und ich darf mich nicht davon aufhalten lassen, dass andere vielleicht besser sind als ich oder dass ich mal etwas nicht schaffe.

Als Leon am nächsten Morgen mit seinen Eltern am Frühstückstisch sitzt bittet er seinen Vater, heute unbedingt mit Markus und ihm im Garten zu üben.

Er möchte auch alles wissen, was die beiden Männer können und nicht mehr ausschließlich zum Spaß mit beiden bolzen.

Er möchte jetzt jeden Samstag eine neue Sache von einem der beiden lernen und danach ein wenig zum Spaß spielen.

Das wünscht er sich, denn sein Vater und Onkel waren beide selbst Stürmer, sie wissen, wie man Tore schießt, vorbereitet und den Ball behält, auch, wenn jemand größer, schneller oder stärker ist.

Als nach den Ferien die neue Saison beginnt, ist Leon bereits ein C-Junior. Wie er in der Zwischenzeit gelernt hat, ist es gar nicht so üblich, die Landesauswahl schon bei den D-Junioren zu starten. Darum waren die anderen Kinder größer und schneller! Dennoch bleibt er dabei, dass er üben will.

Es ist schließlich seine eigene Leistung, die er erbringen möchte. Er möchte keine Ausreden suchen, warum er etwas nicht geschafft hat, er möchte lernen, wie er etwas schafft.

Gut ist auch, dass er nun wieder zu den Jüngeren in seiner neuen Altersklasse gehört, viele sind schon 14 oder fast 15 Jahre alt.

Einige schon mit dem Stimmbruch beschäftigt und manche haben auch Freundinnen, die bei den Punktspielen zusehen. So hat Leon nun eine Saison Zeit, sich an stärkeren Gegnern zu messen. Genau das hat er gebraucht!

Er schaut sich Spiele der Großen an und versucht, deren Techniken zu erlernen. Wenn er etwas nicht versteht, bittet er seinen Vater und Onkel um Hilfe, die diese Techniken dann samstags mit ihm üben.

Immer seltener passiert es, dass die beiden Männer sich beim Spielen zurücknehmen müssen. Als hätte Leon nicht gemerkt, dass sie seinetwegen besonders langsam und vorsichtig spielen, damit er auch eine Chance hat.

An Tagen, an denen Leon mit niemandem üben kann, geht er in den Garten und jongliert oder dribbelt den Ball, hängt sich Zielscheiben im Tor auf, um spezielle Ecken des Tors zu treffen und übt so, den Ball noch zielgerichteter zu schießen. Es geht langsam voran und seine Ausdauer wird besser und der Ball trifft immer häufiger in die Ecke, in der die Zielscheibe hängt.

Zu Beginn der Saison wurde Leon meist am Anfang in den Spielen platziert, aber schon nach kurzer Zeit ausgewechselt.

Mittlerweile darf er immer länger spielen und manchmal sogar ein zweites Mal aufs Feld. Es gelingt ihm immer häufiger, die Verteidigungslinien zu durchbrechen, und er hat in dieser Saison schon 5 Tore geschossen.

Er weiß, dass es nicht viel ist. Andere aus seiner Mannschaft haben schon 7 oder 8 Tore geschossen, aber er wird immer besser und wenn er spielt, gibt er immer 100%.

Und am Ende der Saison wird er sogar wieder auf ein erneutes Training zur Landesauswahl angesprochen.

Er freut sich sehr, behält aber einen kühlen Kopf. Dieses Mal wird ihn eine Absage nicht so hart treffen. Er weiß zwar, dass er gut ist, aber er wird abwarten, ob es dieses Mal ausreicht und nicht wieder so hochnäsig in das Training gehen.

Am Tag des Probetrainings ist Leon ein bisschen aufgeregt, aber er freut sich riesig auf die neue Herausforderung, denn in der kommenden Saison gehört er als U15 wieder zu den älteren in seiner Juniorenliga.

Dann spielt er hauptsächlich gegen jüngere, kleinere Jungs und der körperliche Unterschied ist oft sehr deutlich. Immerhin bekommen Jungs in diesem Alter unterschiedlich schnelle Wachstumsschübe, Stimmbruch und was sonst alles zur Pubertät gehört.

Zu Beginn des Spiels wird Leon noch nicht eingesetzt – anstatt aber zu warten, wärmt er sich neben dem Platz locker auf, um nicht unvorbereitet in das Spiel geholt zu werden. Als er dann im letzten Drittel rein gepfiffen wird, steht es unentschieden.

Leon konnte die gegnerischen Spieler beobachten und hat schon bei fast allen erkannt, ob und welche Schwachstellen sie haben.

Diese Erkenntnisse nutzt er nun im Sturm zu seinem Vorteil,

schafft es, den Ball zu bekommen, zu behalten, dribbelt gekonnt an der Abwehr vorbei und – TOOOOOR!

Doch Leon feiert noch nicht, es sind noch 10 Minuten Spielzeit. Einer der Gegner schafft es über die Mittellinie und rennt direkt auf das Tor von Leons Mannschaft zu.

Leon rennt und blockt gekonnt den Gegner, gewinnt den Ball und rennt über die Mittellinie, wo er sich mit den gegnerischen

Spielern und einigen aus seiner eigenen Mannschaft ein spannendes Duell liefert.

Er schafft es noch ein Ball für seinen Teamkollegen vorzubereiten, der trifft aber die Latte und es wird abgepfiffen.

Leon geht sehr mit sich zufrieden in die Umkleidekabine. Draußen warten bereits seine Eltern. Die Familie ist heute zur Feier des Tages mit Onkel Markus in Leons Lieblingspizzeria verabredet.

Ob Leon im Team angenommen wird oder nicht. Bereits am nächsten Tag klingelt das Telefon und Leon hört aus seinem Zimmer, wie sein Vater dem Anrufer sagt:

„Ja, sehr gern, bitte senden Sie uns die nötigen Unterlagen zu, er wartet schon sehnsüchtig auf diese Zusage." Leon wurde angenommen, er hat es in die Landesliga geschafft!

7. Kapitel – Unverhofft kommt oft

Leon ist überrascht, als er feststellt, wie gut seine Teamkollegen sind. Er muss sich super dolle anstrengen, um mitzuhalten.

Die ersten Spiele in der Landesliga verlaufen für ihn jedoch noch nicht so gut.

Er weiß, dass in nur 7 Monaten die Auswahlspiele für die DFB-U15 sind.

Weihnachten steht vor der Tür und in der Stille der Ferien geht Leon raus auf den Bolzplatz, um im Schnee ein wenig zu kicken, einfach nur so, um an der frischen Luft zu sein.

Vielleicht möchte er sich auch ein wenig vom Ball verabschieden denkt er, denn er hat in den letzten Trainings so schlecht dagestanden, dass er überlegt, den

Fußball an den Nagel zu hängen und sich auf andere Dinge zu konzentrieren.

Auf dem Bolzplatz angekommen ist Leon so frustriert, dass er den Ball nur lustlos hin und her schiebt.

Er hat die Hände in den Taschen und mag eigentlich grade weder die Sonne auf dem frisch gefallenen Schnee genießen noch sich am Ball erfreuen, der ihn seit über 10 Jahren doch immer glücklich gemacht hat.

Als ihm der Ball entgleitet und über den verschneiten Platz auf den geräumten Fußweg rollt, wird er von einem älteren Mann gekonnt mit der Sohle gestoppt.

Als Leon aufschaut staunt er nicht schlecht, als er den Mann dabei beobachtet, wie dieser den Ball gekonnt mal mit Pike, mal mit Ferse oder Spann in der Luft hält.

Der Mann sieht viel älter aus als Papa und Markus, er muss mindestens 50 Jahre alt sein oder noch älter. Leon gafft ihn mit offenem Mund an:

So eine Technik mit dem Ball ist ihm bisher auf dem Spielfeld noch nicht begegnet. Der ältere Herr fängt den Ball locker mit der Hand und schaut Leon an. „Junge, warum spielst du Fußball, wenn es dir keine Freude bereitet?"

„Aber es bereitet mir Freude", erwidert Leon, „eigentlich".

„Eigentlich?", der Mann lächelt verschmitzt; aus irgendeinem

Grund kommt er Leon bekannt vor, aber er kann ihn nicht einordnen. „Eigentlich sollte man dir das dann doch ansehen, oder Junge?“

„Schon, es ist nur … ach, entschuldigen Sie, wie unhöflich von mir. Es tut mir leid, dass mein Ball Ihnen vor die Füße gerollt ist. Ich war wohl abgelenkt.“

„Nun, wie du siehst, hat diese Begegnung weder dir noch mir oder deinem Ball geschadet, ich kann ein wenig mit Fußbällen umgehen“, er zwinkert geheimnisvoll.

Leon geht auf ihn zu: „Vielen Dank, dass Sie ihn aufgehalten haben. Wo haben Sie diese Tricks gelernt?“ „Tricks?“, fragt der Mann, „das sind doch nur ein paar Fußübungen, die mache ich nebenbei. Zeig mir doch mal, was du kannst!“

Leon weiß nicht recht, aber irgendwie hat dieser Mann etwas an sich, was Leon glauben lässt, dass etwas Gutes passieren wird.

Also zeigte er dem Mann, dass er weit, hoch und schnell schießen kann und jeden Teil des Tors trifft, den er möchte.

Ein wenig motivierter als zuvor zeigt er dem Mann, wie er dribbelt, schießt und wie gut seine Ballkontrolle ist: Er kann den Ball mit Kopf, Knie, Ferse, Spann und der Fußsohle kontrollieren.

Der Mann hält sich eine Hand ans Kinn und schaut Leon zu, schüttelt mit dem Kopf und geht auf Leon zu.

Der Junge kann gar nicht so schnell schauen, wie der Alte ihm den Ball abgeluchst hat, das ist doch unmöglich!

Leons Ehrgeiz ist geweckt und er versucht, den Ball zurückzugewinnen – vergeblich. 15 Minuten lang tanzt der Fremde, geradezu um den Jungen herum und Leon bekommt kaum die Chance, dem Ball auch nur mit den Augen zu folgen.

Dann bleibt der Mann stehen und sieht Leon mit schräg gelegtem

Kopf an. „Warum spielst du Fußball?“, fragt er. Leon erwidert noch völlig außer Atem, „Ich möchte in die Bundesliga.“ „Aha“, der Alte nickt.

„Also möchtest du viel Geld verdienen, ein paar Jahre ein bisschen Fußball spielen und dann Trainer werden. So macht man das doch heute, oder?“

„Nein“, sagt Leon erschüttert, „ich liebe Fußball, seit ich ganz klein war.

Ich kann mir nicht vorstellen, etwas anderes zu tun, als in der Bundesliga zu spielen.

Ich schreibe gute Noten und ich habe auch Spaß an der Schule, aber schon seit über 10 Jahren träume ich davon, dass ich ein Bundesligaspieler werde.

Ich habe es schon bis in die Landesauswahl geschafft, aber dort sind sehr viele richtig gute Spieler, viele sind älter und größer als ich und schneller.

Ich glaube, mein Traum bleibt ein Traum und ich muss doch was anderes machen, irgendwas Solides, wie meine Lehrer sagen."

„Wer will, findet Wege. Wer nicht will, findet Gründe", sagt der alte Mann lächelnd, Leon sieht seine weißen Zähne.

„Wenn du einen Traum hast, mein Junge, dann ist es die Aufgabe, die dir das Universum zugewiesen hat. Einfach aufzugeben, wäre gegen die Natur."

„Aber ich kann es nicht, sogar Sie konnten mir den Ball abnehmen und ich konnte ihn nicht zurückgewinnen.

Ich habe meist nicht einmal verstanden, wie Sie den Ball an mir vorbei bekommen haben!“ Leon bekommt einen heißen Kopf, er befürchtet, dass er gleich weinen wird.

„Warum sollte ich dir den Ball auch geben? Du musst ihn dir verdienen.

In meiner Heimat Brasilien lernt man, dass man nur bekommt, was man sich auch erarbeitet.

Du bekommst nichts geschenkt Kind, außer deinen Träumen, die dir den Weg weisen.“ Leon wird ein wenig wütend.

„Diese Träume lügen mich aber an!“, ruft er, „ich komme nicht in die Bundesliga, vermutlich fliege ich aus der Landesliga und dann will ich gar nicht mehr spielen! Ich versteh das alles nicht!“

Nun platzt der ganze Frust aus Leon heraus.

Tränen rinnen ihm über die Wangen und sein Kiefer tut weh, weil er verzweifelt versucht, nicht laut loszubrüllen und zu heulen wie ein kleines Kind.

„Ich war der Beste in meiner Mannschaft, obwohl ich als Kind total schlecht war, ich habe jede neue Spielart sofort verstanden, ich bin toll in der Verteidigung und richtig gut im Sturm, das dachte ich immer.

Und dann kam das Landesteam mit diesen schnellen und großen Jungs und plötzlich scheine ich gar nichts mehr zu können. Das ist alles Bockmist mit dem Universum!“

„Soso, das dachte ich auch mal. Mir ging es ähnlich damals. Ich war der Beste auf der Straße, niemand konnte es mit mir aufnehmen. Ich konnte auch schnell, weit, hoch und zielsicher schießen, also hat mich ein Talentsucher entdeckt.

Ich habe schnell gemerkt, dass das nicht alles ist, weißt du.

Du brauchst nicht nur Technik und Ballkontrolle. Du brauchst Köpfchen und Kreativität, um heute besser als andere zu sein.

Schnell zu sein, ist sehr gut, aber wenn du immer nur das schneller machst, was andere auch machen, dann ist es leicht, besser zu sein als du. Man muss ja dann nur noch schneller sein, oder etwas anderes machen, was du nicht kennst.

Und ZACK“, der Mann klatscht so laut in die Hände, dass Leon zusammenzuckt, „bist du nicht mehr der Beste. Du bist nur noch jemand, der den Standard schneller kann als ein paar andere.“

Leon sieht den Mann verwirrt an: „Und wie genau kann ich dann besser werden als die anderen? Wenn Sie sagen, dass das Universum für mich vorsieht, dass ich es in die Bundesliga schaffe, warum hilft es mir dann nicht dabei?“

„Du musst daran glauben“, sagt der Mann. „Wenn du glaubst, dass du es schaffen kannst, dann wirst du es schaffen, wenn du es denn wirklich willst.“

„Haben Sie es geschafft?“, fragt Leon. Der Mann kickt ihm lächelnd den Ball zu, wendet sich ab und sagt: „Nun, dich habe ich heute geschlagen, also schätze ich, ich habe es geschafft.“

Mit lautem Lachen geht der Mann seinen Weg weiter und Leon ist so verwirrt, dass er sich nicht einmal verabschiedet. Was war das nur für eine merkwürdige Begegnung?

Leon geht zurück nach Hause und setzt sich auf sein Bett. Er hat ziemlich kalte Hände, aber das ist ihm gerade recht unwichtig.

Er geht in Gedanken den Nachmittag noch einmal durch und versucht herauszufinden, wie der alte Mann ihm den Ball abnehmen und anschließend so lange behalten konnte. Er versteht es nicht, er kann die Züge beim besten Willen nicht nachvollziehen.

An Heiligabend feiert Leon mit seinen Eltern und den Großeltern Weihnachten. Auch sein Onkel Markus ist dabei.

Auf dem traditionellen Familienspaziergang, nach einem üppigen Mittagessen, fallen Leon und Markus zurück und Leon erzählt seinem Onkel von der Begegnung mit dem alten Mann. Markus hört aufmerksam zu.

„Leon, du bist schon fast 15, trotzdem musst du vorsichtig sein, wenn Fremde dich ansprechen. Dieses Mal scheint aber alles in Ordnung zu sein.

Glaubst du dem Mann was er gesagt hat? Glaubst du, dass du alles schaffen kannst, wenn du nur willst?"

„Ich weiß nicht, Markus", gibt Leon mit gesenktem Blick zurück, „ich bin wirklich nicht sehr gut im Fußball, glaube ich." „Aber Leon, das ist doch Unsinn, du spielst in der Landesauswahl. Wie viele Konkurrenten hast du schon hinter dir zurückgelassen?

Du bist wirklich gut, wenn du daran glaubst, wirst du auch noch besser und die DFB-U15 ist zum Greifen nah!"

„Aber wie soll ich denn besser werden, wenn mir keiner beibringen kann, wie ich …" Leon stutzt und bleibt stehen. „Das ist er, Markus!

Da vorn, der Mann, der die Tauben füttert!“ Markus schaut hin. „Dann lass ihn uns begrüßen, es ist immerhin Weihnachten und er scheint nett zu sein.“

Markus und Leon gehen zu dem Fremden. Markus begrüßt ihn: „Frohe Weihnachten.

Ich bin Markus, der Onkel von unserem Star Leon hier“, er legt seinem Neffen den Arm um die Schulter.

„Sie haben viele kluge Dinge zu dem Jungen gesagt, hat er mir erzählt und Sie sollen sehr gut mit dem Ball umgehen können.“

Leons Eltern, die an dem Mann vorbeigeschlendert waren, haben mittlerweile bemerkt, dass Markus und Leon stehen geblieben sind und kehren zurück, um an dem Gespräch teilzunehmen.

„Ja“, sagt der alte Mann, „Leon heißt du also, ich bin Eddie, ich bin erfreut, euch kennenzulernen. Leon – der Fußballprofi!“, der Mann macht eine Geste, als würde er eine Schlagzeile vorlesen. „Ja, das gefällt mir gut. Hast du schon gelernt, wie du besser spielen kannst?"

Leon schüttelt seinen gesenkten Kopf. Sein Vater stellt sich auf die andere Seite und hält nun auch einen Arm um Leons Schulter.

Er reicht dem Mann die Hand: „Hallo Eddie, ich bin Leons Vater Michael, das ist meine Frau Stefanie. Sie scheinen meinen Sohn sehr bewegt zu haben.

Können wir uns mit einem Kaffee und Weihnachtskeksen bei Ihnen bedanken? Nur, falls Sie heute nichts mehr vorhaben."

Eddie lächelt. „Das ist sehr nett, ich habe nichts vor, aber ich möchte auch nicht stören." „Sie stören nicht, Eddie", sagt Leons Mutter.

„Ich habe sehr, sehr viele Kekse gebacken und ein frisches Früchtebrot. Wir würden uns sehr freuen, wenn Sie uns begleiten und wenigstens einen Kaffee trinken, es ist furchtbar frisch hier draußen."

„Sehr gern", sagt Eddie, schüttelt die letzten Krümel aus der Papiertüte auf den Boden und begleitet Leon und seine Familie auf einen Kaffee, Kekse und ein vorzügliches Früchtebrot in das warme, weihnachtlich geschmückte Esszimmer.

Leon ist schon um einiges besser gelaunt, nachdem er zwei von Mamas Schokokeksen gegessen hat und er erzählt Eddie davon, was er im Training so lernt und fragt, ob das etwas mit klugem und kreativem Spielen zu tun hat.

Eddie hört aufmerksam zu. Leon erzählt davon, dass sein Team beim Training immer wieder verschiedene Parcours durchläuft, Zielscheiben im Tor aufhängt, die getroffen werden müssen und auch verschiedene Pässe übt.

Eddie nimmt sich ein Stück Früchtebrot, probiert und zeigt

sein strahlendes Lächeln: „Stefanie, Ihr Früchtebrot ist eine Offenbarung! Vielen Dank dafür, ich habe lange nicht mehr so etwas Wunderbares gekostet!“

Dann wendet er sich Leon zu. „Ich verstehe, was deine Trainer versuchen, es ist gut was sie machen. Aber ich glaube nicht, dass es für dich ausreichend ist.

Du bist mit dem Herzen dabei und es werden nur Kraft, Ausdauer und Zielgenauigkeit trainiert.

Ich gehe davon aus, dass du etwas anderes brauchst, um deine individuelle, nicht vorhersehbare Spielart zu finden."

„Fällt dir nichts ein, was ich machen kann, Eddie? Kannst du mir nicht zeigen, wie du spielst? Bitte, du spielst so toll, ich möchte das auch können!", bettelt Leon mit großen Augen.

„Wenn ich dir beibringe, wie ich spiele, dann ist es ja meine Spielart, nicht deine. Aber ich will gern versuchen, dir zu helfen, deinen Weg zu finden. Aber nicht mehr heute“, sagt Eddie mit einem Lächeln. „Ich bin ziemlich erschöpft und werde jetzt erst einmal heimgehen.

Wenn es deinen Eltern recht ist, komme ich aber in ein paar Tagen vorbei. Ich habe gesehen, dass du eine geeignete Wiese hinter dem Haus hast. Da können wir ein paar Dinge versuchen.“

Eddie und Leons Eltern einigen sich darauf, dass der alte Mann am Samstag wiederkommt, wenn Papa und Markus auch da sind. Sie möchten auch gern sehen, was der Fremde für Tricks auf Lager hat. Am Samstag nach Weihnachten steht Eddie wie versprochen vor der Tür.

Als Leon mit ihm in den Garten gehen will, sagt Eddie: „Noch nicht, wir üben erst einmal einige Sachen im Haus.

„Ich darf mit dem Ball nicht im Haus spielen“, antwortet Leon. „Wir brauchen den Ball heute nicht“, gibt Eddie an.

8. Kapitel – Das soll Training sein?

Sie räumen mit Markus' Hilfe den Couchtisch an den Rand des Wohnzimmers.

Eddie weist Leon, Leons Papa und Markus an, sich nebeneinander hinter Eddie aufzustellen und alles nachzumachen, was er macht.

Eddie geht mit dem rechten Fuß einen halben Schritt nach rechts, dann mit dem linken einen Schritt vor, zieht den linken Fuß dann zurück, aber etwa in schulterbreitem Abstand, zieht den rechten Fuß dann an den linken und macht dann noch einen Schritt nach links.

Markus und Leon brauchen 15 Minuten, bis sie das auch können. Leons Papa hat es sofort gekonnt. Beide sind verwirrt und jetzt schon ziemlich müde, aber Eddie macht noch weiter und zeigt einige weitere Schritte.

Auch Drehungen baut er ein. Nach gut einer Stunde sind Leon, Papa und sein Onkel ziemlich ins Schwitzen geraten, haben den Dreh in der Schrittfolge aber raus. Alle sind viel zu erschöpft, um sich Gedanken über das Warum zu machen.

Leons Mutter ruft aus dem Esszimmer, dass das Mittagessen fertig ist. Sie bittet Eddie, zum Essen zu bleiben, als Dank für die Trainingsstunde.

Eddie bleibt gern und leistet der Familie beim Essen Gesellschaft.

Leons Eltern fragen Eddie ganz schön aus: „Woher kommst du?“, „Ist Eddie nur dein Spitzname?“, „In welchen Mannschaften hast du Fußball gespielt?“, und viele andere Dinge.

Meist antwortet er nur sehr knapp. „Ich wurde in Brasilien geboren“, „Ich werde am liebsten Eddie genannt“, „Es waren sehr viele kleine und einige größere, brasilianische Mannschaften.“

Eddie hilft noch beim Abräumen des Esstisches, dann verabredet er sich mit Leon, dass sich die beiden ab sofort Freitagnachmittags treffen, damit Leon seine Samstage für sich hat.

Eddie willigt ein, jedes Mal zum Essen zu bleiben, sozusagen als Entlohnung für das Training.

Er sagt: „Ich trainiere Leon gern, ich glaube, er kann es sehr weit bringen und wir teilen die Leidenschaft für Fußball.

Ich bleibe nur, weil Sie so wunderbar kochen können, Stefanie.“

In den kommenden Wochen bleibt das Training für Leon rätselhaft.

Eddie übt mit ihm immer Schrittfolgen, mal die vom ersten Training, dann wieder neue, schnelle und langsame.

Wenn Leon Eddie fragt, was das soll, lächelt Eddie nur geheimnisvoll und sagt: „Wir bringen deinen Beinen Kreativität bei.“

Nach der Winterpause geht das normale Training für Leon auch wieder los. Dass er wieder mehr Spaß hat, schreibt er der Tatsache zu, dass er den Willen zurückgewonnen hat.

Eine neue Technik kann er nach den wenigen Stunden mit Eddie noch nicht. Es vergehen 8 Wochen, in denen Eddie weiterhin diese merkwürdigen Trainingsmethoden anwendet.

In der ersten Trainingsstunde im März macht Eddie eine neue Schrittfolge:

Er geht mit einer Fußspitze nach hinten, tippt damit auf den Boden, geht mit dem gleichen Fuß dann einen Schritt vor, tippt mit der anderen Fußspitze vor sich auf den Boden und macht dann mit diesem Fuß wieder einen Schritt nach hinten.

Nachdem Leon sich das schon leicht mürrisch abgeschaut hat, wird es albern.

Eddie fängt bei dieser Schrittfolge an in den Knien zu wippen, es sieht fast so aus, als hätte er einen Flummi im Bauch der ihn auf und ab hüpfen lässt.

Das ist Leon jetzt wirklich zu blöd. Er mault Eddie an: „Seit zwei Wochen mach ich hier alberne Schritte im Wohnzimmer.

Der Schnee ist aufgetaut, man kann draußen wieder Fußballspielen. Warum hüpfen wir hier rum, anstatt draußen richtig zu trainieren?“

Eddie dreht sich um und schaut Leon lächelnd an. Als er gerade den Mund öffnen will, um den altbekannten Satz über kreative Beine von sich zu geben, sagt Leon etwas lauter:

„Es reicht, ich verschwende meine Zeit. Ich dachte, du zeigst mir deine Tricks und ich werde jetzt endlich besser, aber nein, du veralberst mich hier nur!"

Von dem Lärm aufgescheucht kommt Leons Mutter aus der Küche ins Wohnzimmer.

„Was ist hier los, Leon? Warum redest du so mit Eddie?“ Leon sagt mit vorsichtiger Stimme: „Eddie lässt mich hier wie so einen Flummi rumhüpfen, anstatt mir richtige Tricks beizubringen.

Ich sehe total albern aus und lerne nichts dazu! Schau dir an, was er mich immer machen lässt!“ Leon zeigt ihr, was er in seiner ersten Stunde gelernt hat.

Seine Mutter beginnt zu lächeln, stellt sich vor ihn, legt eine Hand auf seine Schulter, ergreift die andere und kennt die Schritte, die Leon macht und kann sie auch, nur macht sie es seitenverkehrt. Sie lacht.

„Du hast Cha-Cha-Cha gelernt, Leon. Das ist ein ganz wunderbarer Standardtanz."

Leon weicht empört von seiner Mutter zurück und schaut erzürnt zu Eddie. „Warum bringst du mir bitte das Tanzen bei? Ich will Fußballspielen, was soll mir das bringen?"

Eddie sagt nichts, sondern wippt nur in den Knien, als hätte er einen Flummi im Bauch.

Bevor Leon aber wieder zu schreien anfängt, sagt Eddie schmunzelnd: „Komm, du Flummi, ich will dir im Garten was mit dem Ball zeigen."

Wütend stampft Leon hinter seinem Trainer her. „Wenn du mir jetzt nicht was richtig Cooles zeigst Eddie, dann üben wir nicht mehr zusammen!" „In Ordnung", sagt Eddie.

Im Garten angekommen übergibt Leon Eddie den Ball. Sie stellen sich einander gegenüber.

Eddie sagt: „Schau genau hin, ich mache alles erst einmal so schnell, wie du es schon kennst und dann einmal ganz langsam, damit du besser folgen kannst."

Dann rennt Eddie mit dem Ball am Fuß auf Leon zu und spielt ihn so schnell an Leon vorbei, dass dieser wieder nicht erfassen konnte, was passiert ist.

Leon dreht sich um und sieht nun, wie Eddie fast in Zeitlupe einige der Schritte macht, die Leon gelernt hat. Mal vor, zurück, seitwärts, mal nimmt er den Ball mit der Pike, mal mit der Ferse, mal zieht er den Fuß darüber, sodass es nur so aussieht, also würde er den Ball jetzt nach vorn schießen.

Leon senkt den Blick. „Es tut mir leid, Eddie, ich habe es nicht verstanden.

Ich sehe, dass dir das Tanzen geholfen hat, aber ich glaube nicht, dass das bei mir auch funktioniert."

Eddie legt ihm eine Hand auf die Schulter: „Du musst üben Leon, Tanz und Spiel auf verschiedene Weise. Wir werden ab jetzt mit einem Ball üben, aber erst kommende Woche, ich habe da einen ganz speziellen Ball für diese Form der Übungen.

Jetzt lass uns schauen, ob das Essen fertig ist.

Tanzen macht hungrig!“ Er grinst Leon mit einem Augenzwinkern an und beide gehen wieder ins Haus, wo sie beim Tischdecken helfen.

Während die Erwachsenen sich darüber unterhalten zu welcher Musik man welchen Tanz am besten ausführen kann, denkt Leon über alle Schritte nach, die Eddie ihm gezeigt hat.

Am nächsten Freitag steht Eddie mit einer Packung Tennisbällen vor der Tür.

„Ich nehme an“, sagt Leon, „die sind für die Kreativität meiner Beine?“ Er grinst frech. „Nein“, antwortet Eddie ernst, „die sind für ein paar zusätzliche Übungen, kreativ sind deine Beine schon.

Wir wollen sie und den Rest deines Körpers noch schneller und klüger machen. Du wirst sehen, wie das geht.“

Leon geht mit Eddie in den Garten und will den Fußball holen, aber Eddie schüttelt den Kopf und zeigt auf die Tennisbälle.

„Damit soll ich spielen?“ „Nein, tanzen“, erwidert Eddie mit seinem breiten Grinsen.

Eddie nimmt die Hütchen, die Leon für das Training von seinem Onkel bekommen hat, stellt diese mit geringem Abstand in einer Reihe auf und lässt Leon dort mit dem Tennisball am Fuß hindurchlaufen.

‚Das ist gar nicht so einfach‘, denkt Leon, stellt aber fest, dass seine Beine schon um einiges flexibler sind als früher vom Tanzen.

Nach 10 Minuten soll Leon nun einen Tennisball zu Eddie werfen und wieder fangen, während er mit einem weiteren Tennisball durch die Hütchen dribbelt.

Das ist gar nicht so leicht, wenn man nicht stehen bleiben darf!

Diese und andere Übungen machen Eddie und Leon nun im Wechsel, immer 10 Minuten, bis Leons Mutter zum Essen ruft.

Er ist verunsichert, weil nicht alles reibungslos funktioniert hat, was Eddie ihm aufgetragen hat, aber trotzdem ist er sehr froh, dass es nun wieder offensichtlich um das Fußballspielen geht.

Am folgenden Tag kommt sein Onkel Markus vorbei und weil die Sonne scheint gehen sie zusammen in den Garten, um ganz entspannt eine Runde mit einem richtigen Fußball zu spielen.

Als Leon mit dem Ball an Markus vorbeizulaufen versucht tippt er mit einer Fußspitze nach vorn, hüpft dabei ein wenig als hätte er einen Flummi verschluckt, zieht den Fuß dann blitzschnell zurück und schießt den Ball mit der Ferse hinter sich entlang in hohem Bogen über den Kopf seines Onkels.

„Nicht zu fassen", staunt Markus nicht schlecht, als Leon den Ball so an ihm vorbei und dann blitzschnell mit einer Drehung ins Tor schießen kann. „Als du so gewippt bist, dachte ich, du wolltest nach vorn schießen, so schnell wie du dann gewesen bist, konnte ich gar nicht umschalten.

Sieht so aus, als hätte Eddie dir eine Menge beigebracht." „Ich habe nur etwas versucht, ich werde auf jeden Fall weiterüben", sagt Leon

In den kommenden Wochen trainiert Leon fleißig im Verein, allein und mit Eddie.

Leon schafft es immer häufiger mit seinem „Flummi-Trick“ im Training besser zu werden und auch andere von Eddies Tanzschritten hat er mittlerweile fest in seine Tricks mit eingebaut. Außerdem ist er mittlerweile sehr gut in den Übungen mit dem Tennisball – ob mit dem Fuß oder mit der Hand, Leon hat den Dreh raus.

So schnell, wie er nach all dem Training dribbelt, ist auch schon das DFB-U15-Sichtungsturnier:

Leon ist sehr gut, aber nicht der allerbeste Spieler in dem Turnier.

Dennoch hat er riesigen Spaß gehabt und freut sich schon allein darüber, dass er dabei sein durfte.

Als dann einige Tage später das Telefon klingelt, ist Leon draußen im Garten und liegt ein wenig in der Sonne – immerhin hat er jetzt endlich Ferien.

Als sein Vater rauskommt und Leon dessen ernstes Gesicht sieht, sagt Leon:

„Ach Papa, es ist nicht schlimm, dass sie abgesagt haben. Ich versuche es in der kommenden Saison noch mal.“ „Leon, das war nicht der DFB, die haben gestern schon angerufen, als du mit Mama einkaufen warst, das wollten wir dir heute Abend beim Essen sagen.

Was ich eben erfahren habe, muss ich dir aber unbedingt jetzt sofort sagen.“ Leons Mutter steht nun auch auf der Terrasse.

„Leon, das war ein Talentscout des FC Bayern München. Der hat dich beim Spiel gesehen und möchte dich in die Jugendmannschaft holen!“

Leon schlägt die Hände vor den weit geöffneten Mund. Kann es tatsächlich sein, was sein Vater sagt? Leon traut sich kaum sich zu bewegen, er hat Angst, dass er dann aufwacht. Das muss ein Traum sein. Er starrt erst seinen Vater an, dann seine Mutter, dann wieder seinen Vater.

Dieser lächelt und nickt. „Du darfst sowohl beim DFB als auch beim FC Bayern München in der kommenden Saison in der U16 spielen, mein Sohn!“ Leon kann es kaum fassen und ist außer sich vor Freude. Er springt im Garten auf und ab.

Als Leon später im Bett liegt, träumt er schon davon, wie er in einem großen Stadion mit vielen Fans spielen wird und wie alle ihm zujubeln werden.

Er träumt auch davon, wie er das entscheidende Tor schießt oder wie er eine überragende Flanke schlägt und ein Mitspieler den Ball im Tor versenkt. Er kann die ganze Nacht nicht schlafen und lässt die wildesten Geschichten in seinem Kopf immer wieder abspielen.

9. Kapitel – Glück und Können

Mit all den neuen Trainingszeiten und dem schwerer werdenden Stoff in der Schule hat Leon leider nicht mehr die Zeit, jede Woche mit Eddie zu trainieren.

Sie treffen sich aber noch einmal im Monat im Park, wo Leon mit Eddie spielt und ein paar Tricks übt.

Wenn das Wetter gut ist, machen sie sich manchmal Musik an, um zum Rhythmus der Musik zu üben. Auf diese Weise kann Leon sich die Tricks noch besser einprägen.

In den Trainings und der laufenden Runde der Landesliga läuft es gut für Leon. Schon kurz vor den Winterferien hat er in 8 Spielen schon 16 Tore geschossen – natürlich spielt er im Sturm, weil kaum jemand es schafft, ihm den Ball abzunehmen.

Und weil er der treffsicherste Spieler der Mannschaft ist.

Leon genießt die Trainings und Spiele, hat sich aber angewöhnt, mit seinen Schulkameraden in der Pause Basketball oder Tischtennis zu spielen.

So kommt er auf andere Gedanken und es ist auch viel lustiger, wenn man nicht als fast Profi gegen Anfänger spielt.

Außerdem hat Leon sich überlegt, sich zum nächsten Geburtstag zu einem Tanzkurs anzumelden.

Seine Mutter hatte so gestrahlt, als sie ihn tanzen sah, dass er meint, es würde ihm und ihr sicherlich eine Freude machen, wenn er etwas besser tanzen könnte.

Er ist ein fast ganz normaler 16-Jähriger, der aber gut genug ist, um in den ganz großen Jugend-Fußballmannschaften mitzuspielen.

Allerdings träumt er immer noch von der Bundesliga und hofft, weiterhin gut genug zu sein, um es vielleicht in einem oder zwei Jahren dorthin zu schaffen.

Er verfolgt fleißig die Sportnachrichten im Fernsehen, auch die Spiele, denn er will sich die Tricks der aktuellen Bundesligaspieler ansehen und schauen, ob er davon etwas für sich nutzen kann. Er hat gelernt: Die Konkurrenz schläft nicht.

Dann passieren eines Abends Ende März während der Sportschau zwei Dinge.

Im Fernsehen sagen sie, es hätte unvorhersehbare Änderungen gegeben, weswegen ein Spieler derzeit nicht mehr bei der Bundesliga-Mannschaft des FC Bayern München spielen könnte und das Telefon klingelt.

Seine Mutter verlässt das Wohnzimmer mit dem Telefon, meldet sich, hört kurz zu und schließt dann hinter sich die Küchentür. Nach wenigen Minuten hält sie den Kopf ins Wohnzimmer: „Michael, kommst du mal bitte?“

Leons Vater folgt ihr in die Küche und schließt die Tür.

Nach 20 Minuten kommen beide gemeinsam aus der Küche. Leons Vater nimmt die Fernbedienung und schaltet das Fernsehgerät aus. Beide setzen sich so hin, dass sie Leon zugewandt sind.

„Leon, das war dein Trainer Halil. Was wir eben im Fernsehen gesehen haben, dass ein Spieler nicht mehr in der Bundesliga spielt mitten in der Saison, hat dafür gesorgt, dass sie einen Platz frei haben, den sie umgehend besetzen müssen. Sie haben angerufen, weil sie dich im Kader der Profis haben möchten. Wenigstens, damit die Ersatzbank gefüllt ist"

Das Einzige, was Leon dazu sagen kann, ist „Okay".

Nach wenigen Tagen steht fest: Leons erstes Spiel in der Hauptmannschaft soll das Spiel gegen den SC Freiburg sein. ‚Klar' denkt Leon ‚am 1. April, es muss ja ein Scherz sein.'

Aber das ist es nicht – es ist unglaublich - er trainiert sogar ein paar Mal mit den Profis des Fc Bayer München, er wird von allen herzlich begrüßt – Neuer, Kimmich, Müller und natürlich Lewandowski – und lernt auch die Trainer, Ärzte und alle anderen kennen, die zum Team gehören. Leon kann es immer noch nicht glauben. Aber dann läuft er wirklich am 01. April mit der Nummer 16 auf dem Trikot ins Stadion.

Weder bei diesem Spiel noch in den Wochen darauf gegen TSG Hoffenheim und dem 1. FC Köln wird er eingewechselt, aber er ist unfassbar glücklich, dass er wenigstens dabei sein darf.

Dann kommt das Spitzenspiel gegen Dortmund am 23. April.

Heute ist Leons ganze Familie im Stadion. Seine Eltern, sein Onkel Markus seine Oma Gaby, sowie Oma Heidi und Opa Dieter, Tante Lisa, Onkel Benny mit Natascha, Taufpate Manuel und heute auch Eddie, um Leon tatkräftig zu unterstützen. Das Spiel ist unglaublich spannend, beide Mannschaften sind gleichauf. Es steht 1:1. Die Fans jubeln was das Zeug hält, es gibt Laola Wellen, Gesänge und Männer mit lauten Trommeln. Kein einziger Zuschauer sitz mehr auf seinem Platz, alle stehen und feuern ihr Team an.

Es ist eine unglaubliche Stimmung heute in der Allianz Arena des Fc Bayern München. Dortmund spielt so stark wie schon lange nicht mehr. Es ist das beste und spannendste Spiel der laufenden Saison.

Wenn Dortmund gewinnt, ziehen sie in der Tabelle an Bayern vorbei und werden Tabellenführer. Bayern möchte unbedingt Gewinnen und weiterhin die Tabelle anführen.

Das Spiel befindet sich mittlerweile in der Nachspielzeit, es ist noch 1 Minute zu spielen. Beide Mannschaften möchten unbedingt gewinnen und keiner möchte sich mit einem Unentschieden abfinden.

Die Stimmung im Stadion ist weiterhin unglaublich. Und dann passiert es, Lewandowski bekommt den Ball an der Mittellinie, blitzschnell läuft er los, er läuft alleine auf das gegnerische Tor zu, alle im Stadion schreien und jubeln, doch kurz vor dem 16ner wird er brutal von hinten mit einer gewaltigen Grätsche gefault.

Es gibt direkt die Rote Karte für den Dortmunder Verteidiger und Lewandowski wird verletzt vom Spielfeld getragen.

Was nun? Der Trainer schaut zur Auswechselbank und stellt fest, dass er nur noch einen einzigen Stürmer auf der Bank sitzen hat.

---Es ist Leon---.

Der Trainer zögert aber, denn er weiß nicht, ob er das Leon schon zumuten kann. Denn er hat schließlich noch nie ein Spiel bei den Profis absolviert.

Die Bundesliga ist einer der besten und stärksten Ligen der Welt und Leon ist erst 16 Jahre alt. Der Trainer schaut zu Leon und Leon schaut zum Trainer, das ganze Stadion ist mucksmäuschen still und jeder wartet auf die Entscheidung des Bayern Trainers.

Leon und sein Trainer schauen sich weiterhin tief in die Augen und dann passiert es. Der Trainer macht seine Entscheidung und wechselt die Nummer 16 ein.

Unglaublich!!!

Ein 16-jähriger Neuling, ohne Bundesligaspielerfahrung wird im hitzigsten Spiel der gesamten Runde eingewechselt.

Das Stadion ist immer noch mucksmäuschen still. Leon steht mittlerweile an der Seitenlinie und wartet bis der Schiedsrichter ein Zeichen gibt, dass er auf das Feld kommen darf.

Die Zuschauer fragen sich, wer dieser Junge Kerl mit der Nummer 16 ist. Keiner hat ihn je bei einem Profispiel gesehen, keiner kennt ihn, doch das Spiel muss weitergehen und die Stimmung kocht wieder auf als Leon auf das Feld läuft.

Er schaut zu seiner Familie, alle lächeln ihn an und dann macht Eddie einen Hopser, als hätte er einen Flummi im Bauch. Leon nickt ihm zu und konzentriert sich auf den Freistoß, der von seinem Mitspieler Müller ausgeführt wird. Der Ball liegt kurz vor dem 16er, wo Lewandowski gefault wurde. Müller läuft an, schießt und trifft volle Kanne in die Mauer. Der Ball prallt ab und fliegt direkt zu Leon, der rechts neben Müller steht.

Er nimmt den Ball mit der Brust an. Nun hat er den Ball am Fuß und überlegt für einen kurzen Augenblick was er jetzt machen soll. „Ich muss den Ball zu einem erfahrenen Spieler passen“, sagt Leon leise, doch alle Mitspieler sind gedeckt, keiner steht frei.

Dann erinnert sich Leon daran, dass er alles schaffen kann, was er sich vornimmt. Er muss nur fest daran glauben. Er denkt sich:

„Mein Alter und meine fehlende Spielerfahrung spielen jetzt keine

Rolle. Wir müssen das Spiel gewinnen, es ist die letzte Minute und der Schiedsrichter wird wohl nach dieser Situation abpfeifen“. Er nimmt all seinen Mut zusammen und rennt mit dem Ball auf das Dortmunder Tor zu.

Ihm gegenüber stehen zwei Verteidiger, die ihm den Ball abnehmen wollen, ... noch 30 Sekunden Spielzeit.

Er rennt weiter, dribbelt den Ball mit kleinen Abständen, macht einen angetäuschten Schritt nach vorne, zieht blitzschnell das Bein zurück, erwischt den Ball mit der Ferse, schießt ihn hinter seinem Rücken entlang über die Köpfe der Gegenspieler, macht eine Drehung um die Verteidiger herum, erwischt seinen eigenen Pass und schießt den Ball in die obere rechte Ecke, knapp am Torwart vorbei.

Für eine Millisekunde ist alles still, dann bricht ein tosender Lärm los:

Leon, 16 Jahre alt, seit 2 Minuten auf dem Feld der Bundesliga, hat das Siegtor gegen Dortmund geschossen.

Die ganze Mannschaft stürmt zu ihm während gleichzeitig auch der Abpfiff ertönt.

Er wird hochgehoben und von seiner Mannschaft über das Feld getragen.

Er sieht seine Eltern, wie sie ihm zujubeln, beide mit Freudentränen. Eddie lächelt leise und nickt Leon anerkennend zu.

„Wer will, der findet Wege!“, klingen die Worte von Eddie in Leons Kopf, während seine Eltern ausnahmsweise auf das Spielfeld dürfen und ihn alle fest umarmen und ihm sagen, wie stolz sie auf ihn sind und wie glücklich, dass sein Traum endlich wahr geworden ist.

Die ganze Familie ist furchtbar stolz und die Bayern Fans schreien und singen:

„„„Aiaiaiaaaaa ein Schuss ein Tor, die Bayern, **die Bayern.** Aiaiaiaaaaa ein Schuss ein Tor der Leon, **der Leon**“““.

2:1 Endstand

...Und so hat es der kleine Leon in die Bundesliga geschafft. Mit Mut, Fleiß und Leidenschaft.

Leon:

„Merke dir, du kannst alles schaffen was du möchtest, du bist einzigartig und besonders. Deine Träume sind wichtig und wenn du fest daran glaubst und niemals aufgibst, gehen sie auch in Erfüllung“.

Markus Alexander

Nachwort

„Hallo Leon, hier ist dein Onkel Markus. Ich wünsche dir alles Gute in deinem Leben und dass all deine Wünsche und Träume in Erfüllung gehen. Ich freue mich schon, wenn wir alle zusammen im Garten wieder eine Runde kicken werden.“

Kinderbuchempfehlung

Dazu einfach den QR-Code mit der Foto App scannen.

Einzigartige Mutmachgeschichten für Jungs

SCAN ME

Kinderbuchempfehlung

Dazu einfach den QR-Code mit der Foto App scannen.

Kinder – Seid besonders!

SCAN ME

Haftungsausschluss

Die Umsetzung aller enthaltenen Informationen, Anleitungen und Strategien dieses Werkes erfolgt auf eigenes Risiko. Für etwaige Schäden jeglicher Art kann der Autor aus keinem Rechtsgrund eine Haftung übernehmen. Für Schäden materieller oder ideeller Art, die durch die Nutzung oder Nichtnutzung der Informationen bzw. durch die Nutzung fehlerhafter und/oder unvollständiger Informationen verursacht wurden, sind Haftungsansprüche gegen den Autor grundsätzlich ausgeschlossen. Ausgeschlossen sind daher auch jegliche Rechts- und Schadensersatzansprüche. Dieses Werk wurde mit größter Sorgfalt nach bestem Wissen und Gewissen erarbeitet und niedergeschrieben. Für die Aktualität, Vollständigkeit und Qualität der Informationen übernimmt der Autor jedoch keinerlei Gewähr. Auch können Druckfehler und Falschinformationen nicht vollständig ausgeschlossen werden. Für fehlerhafte Angaben vom Autor kann keine juristische Verantwortung sowie Haftung in irgendeiner Form übernommen werden.

Urheberrecht

Impressum

Autor: Markus Alexander

vertreten durch:

MAK DIRECT LLC

2880W OAKLAND PARK BLVD, SUITE 225C
OAKLAND PARK, FL 33311 FLORIDA

Printed in Germany
by Amazon Distribution
GmbH, Leipzig

27576359R00104